Alexandre THINON est un élève-avocat qui voue passion et énergie à défendre des causes qu'il considère comme justes. Originaire de Tours, il a toujours eu l'envie d'explorer le monde et de s'intégrer aux populations qui le peuple.

Pour ce faire, Alexandre voyage accompagné de son sac à dos et d'un grand sourire.

Pour son premier roman, il a choisi de raconter le voyage qui l'aura le plus façonné : la Jordanie.

© 2022, Alexandre THINON
Édition : BoD – Books on Demand, info@bod.fr Impression :

BoD – Books on Demand, In de Tarpen 42, Norderstedt (Allemagne)

Impression à la demande
ISBN : 978-2-3224-5358-0
Dépôt légal : novembre 2022

LA JORDANIE EN ROUE LIBRE

UNE HISTOIRE VRAIE

PAR ALEXANDRE THINON

Aux Jordaniens et aux voyageurs qui m'ont ouvert leur cœur pour rendre ce voyage inoubliable.

A.T.

Jour 1 – Paris

L'aventure peut enfin commencer. Cela fait près d'un an et demi que je ne suis pas parti en vacances, entre la covid-19 et les études… Je m'appelle Alexandre, j'ai 23 ans et je suis élève-avocat. Mais ce qui m'anime le plus dans la vie, ce n'est pas le prétoire, mais le voyage et tous les imprévus qu'il renferme. En bref, plus ma vie est pimentée, plus je la croque à pleine dents ! Nous sommes le 30 novembre 2021, j'enfile mon sac à dos lourd d'une tente, d'un duvet, de saint-nectaire et de comté. Quelques caleçons et une chemise anti-UV feront l'affaire. Je suis sur le quai de la gare de Tours, l'agitation des voyageurs ferroviaires et les coups de sifflet n'empêche pas ma mère de verser une larme en me regardant partir vers un territoire entouré de pays instables : la Jordanie.

Il est 10h lorsque la gare de Paris-Montparnasse m'ouvre ses portes. Je déambule dans les rues parisiennes dans l'attente de ma navette pour l'aéroport de Beauvais à 19h. Les Invalides, la Concorde et Le Louvre passent tour à tour devant mes yeux ébahis. Certains passants m'abordent, curieux de connaitre le parcours de mon gros sac à dos décoré d'une quinzaine de drapeaux. La journée défile à une vitesse folle, surtout en cette période de l'année où la capitale est aux couleurs de Noël. La magie de la place Vendôme ou encore le marché de Noël bondé situé au jardin des Tuileries m'envoutent au plus profond de moi. Mais la réalité vient rapidement me frapper à la découverte du prix du vin chaud.

Le cadran de ma montre affiche 18h50, je suis dans la file d'attente pour prendre la navette pour Beauvais. J'entends une conversation aux consonnances slaves animée par trois femmes. Je décide de les aborder, le temps d'attente ne pourra qu'en être écourté. Elles viennent de Russie. L'une d'entre elles, du nom de Christina, m'invite à m'asseoir à ses côtés dans ce bus de voyageurs, dévorant l'envie de parcourir le globe. C'est à ce moment précis que Christina me demande :

- « A quelle heure est ton avion ? »

- « Demain matin, à 6h. »

- « Mais où comptes-tu dormir ? »

- « Dans l'aéroport, je ne veux pas réserver une nuit d'hôtel pour n'y rester que quelques heures »

Etonnée, Christina me propose de dormir avec elle et ses amies dans un Airbnb. L'invitation me touche énormément. Je ne la connais pas et pourtant, elle refuse de me laisser dans cette situation.

- « Merci pour cette invitation Christina mais tu sais, lorsque je voyage, ce qui me fait vibrer, c'est sortir loin, très loin de ma zone de confort. Cette nuit ne sera qu'un avant-goût de ce qui m'attend en Jordanie. »

L'heure est aux adieux, mes amies Russes gagnent leur appartement, moi le ciment de l'aéroport. Je commence à m'installer. A 22h30 une voix portée par hautparleur m'extirpe de mes songes et invite les voyageurs à quitter l'aéroport qui ferme ses portes. Mince. Je n'avais pas prévu le coup. J'ai déjà dormi dans de nombreux aéroports sur les bancs des « *duty free* » sauf que là, je suis resté dans le hall d'entrée… Quel imbécile, j'aurai pu y penser avant !

22h45, je suis dehors. Le froid de l'hiver enveloppe mon corps, je ne vais quand même pas dormir dehors. J'appelle vainement Christina, celle-ci dormait déjà. L'aventure commence réellement. En face de l'aéroport, un champ. Je m'y dirige et vérifie être en sécurité, c'est-à-dire loin de toute activité humaine. Le vent et la pluie s'invitent au froid, je dois faire vite. Je monte ma tente, m'installe dedans, trempé, frigorifié. J'essaie de fermer les yeux, aller, dans 5h le réveil sonne, bonne nuit.

Jour 2 – Le grand depart

Bip, bip, bip, je me réveille, la nuit a été courte, trop courte. Si seulement Christina me voyait… Bref ! Direction l'aéroport, l'enregistrement, accrochez vos ceintures : décollage immédiat. L'avion embrasse les nuages et subit quelques turbulences. Après 4h30 de vol nous atterrissons sur le tarmac. Je découvre par le hublot des terres rouges à perte de vue. Je sens que ce pays va me plaire.

11h40, température extérieure 20°, *Welcome to Jordan*. Les douaniers vérifient mon passeport et l'incontournable test PCR pour enfin laisser mon pied se poser sur le sol du Royaume Hachémite de Jordanie. Je dois désormais trouver une voiture de location pour arpenter ce pays dans la plus totale des libertés. Pour ce voyage, j'ai décidé d'aller à l'encontre de mes habitudes en… m'organisant ! J'avais donc au préalable comparé chaque entreprise de location pour trouver le véhicule le moins coûteux et j'avais trouvé une pépite ! A 200 € la semaine, j'entrais parfaitement dans mon budget. A mon grand désespoir, en renseignant l'adresse de l'entreprise sur Google maps, je m'aperçois qu'elle n'est absolument pas située à Amman. Mince ! Après une nuit fatigante, je me coltine la lourde tâche de comparer pendant près de 40 minutes chaque entreprise de location pour finalement louer une magnifique Mitsubishi. Elle porte fièrement un aileron sur le coffre et tente honteusement de dissimuler les égratignures de sa carrosserie. J'ai tout de suite compris que la conduite dans ce pays du Moyen-Orient allait me donner des sueurs froides. Je ne me suis pas trompé.

12h30, à bord de ma berline je sors de l'aéroport. A peine quelques centaines de mètres parcourus que me voilà déjà projeté sur une voie rapide. Je ne ressens pas la fatigue, l'adrénaline me maintient éveillé. L'absence de clignotant des autres usagers, les queues de poisson, les changements de file imprévus, les voitures qui doublent par la droite comme par la gauche m'ont bien impressionné. Mais j'étais loin, très loin d'être au bout de mes surprises. Une voiture roule en contresens sur une route à 80km/h ! A cheval sur la bande d'arrêt d'urgence et ma voie, je l'esquive de peu. Je commence à perdre mon sang-froid et me reconcentre rapidement sur ma conduite. Quelques secondes d'inattention peuvent m'être fatales, surtout ici. Une fois arrivé à Amman, la capitale, la circulation empire, congestionne, se densifie. Quinze longues minutes n'ont presque pas été suffisantes pour sortir d'un simple rond-point. Les voitures se frôlent sans se toucher. Il était temps que j'arrive à l'auberge.

14h00, à peine arrivé à la réception qu'une voix résonne derrière mon dos. Une jeune femme typée Mauricienne me dit - en anglais - qu'elle m'a vu à l'aéroport. Décidément, mon gros sac à dos avec tous ses drapeaux attire l'attention. Nous échangeons quelques phrases avant de comprendre, l'un comme l'autre, que nous sommes tous deux français. Cette jeune femme répond au nom de Bilkiss. Elle compte séjourner deux nuits dans cette auberge. Elle me propose de la suivre :

- « Viens avec moi, je vais te présenter Benjamin, c'est avec lui que je voyage. Je vais aussi te présenter Marie, elle était à côté de moi dans l'avion et a réservé la même auberge que nous, quelle coïncidence ! ».

Bilkiss a 27 ans et travaille dans une agence touristique qui organise des voyages de luxe. La Jordanie est son

34ème pays. Benjamin a 38 ans, père d'un petit garçon et marié, il est aujourd'hui éducateur spécialisé. Quant à Marie, elle est âgée 24 ans et aime le danger. A 19 ans elle est tout de même partie 3 mois seule en Inde. Marie a bien baroudé elle-aussi, elle en a presque fait une vocation en travaillant pour différentes ONG.

Nous passons tous ensemble la journée dans Amman. Deux fois plus d'habitants qu'à Paris et de manière assez étonnante, les rues n'étaient pas bondées, certaines d'entre elles étaient même vides. L'ambiance qui y règne est apaisante, on s'y sent en sécurité, on a l'impression d'être plongé dans un livre d'histoire avec tous ces monuments historiques. Rien ne ressemble à la France, que ce soit les boutiques, les mosquées ou encore les habitants. Il y a les femmes voilées et celles qui ne le sont pas, les hommes qui portent un turban et ceux qui n'en portent pas. Il y a de petites ruelles et les marchés où l'on hume les parfums d'orient et les grandes avenues où l'on suffoque de la pollution incessante. Nous nous attardons dans l'imposant amphithéâtre romain de 6000 places, car oui, la Jordanie a connu l'occupation romaine. A vrai dire, Amman est l'une des plus vieilles villes du monde, ce qui lui donne un patrimoine historique particulièrement riche. Nous continuons de nous imprégner de la ville avant de faire un stop à la mosquée du roi Abdallah. Un majestueux édifice sur lequel les nuances de bleu et de blanc se marient parfaitement aux minarets et coupoles. Avec Marie et Bilkiss, nous laissons Benjamin prier. J'entre seul dans la grande salle de prière réservée aux hommes. Elle est située sous la coupole centrale. Le plafond est gravée de symboles arabes, peut-être des sourates. Le sol est jonché de moquette sur laquelle mes pieds s'enfoncent allègrement. J'ai envie d'aller aux toilettes, je me dirige dans leur direction. Un homme me barre le chemin. J'étais à deux doigts de me rendre dans la salle réservée aux ablutions... Je remercie cette homme de m'avoir éviter de commettre la pire des profanations et de m'avoir indiqué le chemin des toilettes. Parenthèse fermée, Benjamin est toujours en train de se recueillir. Nous mettons ce temps à profit pour sympathiser avec les femmes qui travaillent à la boutique située au sous-sol de la mosquée. Elles nous offrent le thé et quelques gâteaux. Nous échangeons beaucoup et rions bien. A notre grande surprise, l'une d'entre elles suit des cours de français et le pratique correctement. Je suis si content de partager ce moment avec elles… Avant de m'apercevoir que cette gentillesse était en réalité intéressée par notre porte-monnaie pour acheter quelques babioles ou poignards arabes. Je prends un magnet et pars au plus vite de cet endroit. Les vendeuses me rattrapent et me disent de patienter 5 minutes. Je les écoute en me demandant à quelle arnaque allais-je encore être la victime. Elles reviennent me voir et me tendent deux barres au chocolat pour s'excuser de leur comportement. Leur supérieur hiérarchique était aux aguets, elles ne pouvaient pas laisser des clients partir sans consommer. Ces petites barres de chocolat m'ont finalement fait changer d'avis, leur gentillesse était sincère, m'en voilà rassuré.

18H00, déjà affamés, nous nous dirigeons vers un restaurant qui m'avait été conseillé par un Jordanien que j'avais rencontré la veille dans l'aéroport de Beauvais. Houmous, fallafel et d'autres spécialités orientales dont j'ignorais toutes les saveurs. Qu'y a-t-il de mieux que la gastronomie pour découvrir une nouvelle culture ? Nous nous sommes régalés pour quelques euros seulement.

Retour à l'hôtel, Benjamin est fatigué du voyage et préfère se coucher. Pour ma part, j'ai rendez-vous avec un Jordanien que j'ai rencontré sur l'application « *Couchsurfing* ». J'utilise systématiquement ce réseau social lorsque je voyage et ce, même en France. Ce réseau facilite les rencontres entre les voyageurs et les locaux et permet, avec un peu de chance, de dormir – gratuitement – chez l'habitant ! Un réel moment d'échange et de partage. Je propose à Bilkiss et Marie de m'accompagner, ce qu'elles acceptèrent sans hésiter.

- « *Marhaba Faisal* (bonjour Faisal) », lui dis-je.
- « *Welcome to Jordan !* (bienvenue en Jordanie) », s'exclama-t-il sur un ton accueillant.

Après avoir échangé quelques phrases en anglais et quelques mots en arabe, Faisal décide de nous faire découvrir les ruelles d'Amman, il nous parle de sa ville et de son pays qu'il aime tant faire découvrir aux voyageurs. Il nous invite dans un bar branché. Nous commandons une bouteille de vin rouge local et quelques amuse-gueules à picorer. J'étais (agréablement) surpris de trouver aussi facilement de l'alcool dans un pays musulman. Un moment hors du temps, sincère et constructif, voilà l'odeur de cette première soirée. Sans parler de la générosité de Faisal qui s'est proposé d'offrir la bouteille de vin, à 40€ tout de même. A ce moment-là, je ne connaissais pas encore la générosité sincère et désintéressée de ce peuple, qui n'a d'ailleurs eu de cesse de m'étonner au fil de ce périple.

Jour 3 – Rencontre sur les bords de la Mer Morte

Doux réveil dans ma chambre d'auberge avec un Hongrois, un Canadien et un Palestinien. Tiens d'ailleurs, le lit du Palestinien est vide, il s'est levé tôt. Je fais mes affaires pour me rendre dans la salle commune et rejoindre Benjamin et Bilkiss pour d'autres aventures. Marie, quant à elle, reste plus longtemps que nous en Jordanie et préfère prolonger son séjour à Amman.

7h30, Benjamin et Bilkiss ne sont pas encore arrivés dans la salle commune. Je souris alors à ces voyageurs matinaux avant de trouver le Palestinien. Il avait acheté quelques pâtisseries orientales en guise de petit déjeuner. Il me rend le sourire et m'invite chaleureusement à partager ce premier repas de la journée. Nous discutons longuement sur sa venue en Jordanie, refuge de bon nombre de ses compatriotes. C'est à ce moment précis que je compris que l'on se sentait, de manière assez égoïste, bien plus concerné par un conflit lorsque nous nous prenons d'attache avec ses partisans.

N'ayant pas d'opinion sur ce sujet, j'ai pu poser les questions que je voulais, en toute objectivité. Les tensions sont encore vives et je l'ai ressenti. Il refuse par exemple de nommer le territoire où il habite par « *Israël* », il préfère l'appeler « *Palestine* ». J'ai tout de suite compris que dans cette région du monde, le poids des mots pouvait être synonyme de prise de partie. Je dois donc être vigilant sur mes propos. Un autre Palestinien se joint à nous pour converser. Benjamin et Bilkiss ne sont toujours pas prêts, j'ouvre alors mon sac pour empoigner le Saint-nectaire. C'est évidemment la première fois qu'ils y goûtent… Le fromage n'a pas fait long feu !

8h00, départ d'Amman, direction la mer Morte. Nous empruntons une route sinueuse qui embrasse parfaitement la courbe du littoral. La couleur de l'eau varie, allant du bleu marine au bleu turquoise, sans parler des teintes rouges des montagnes d'Israël qui bordent l'autre rive. Un savant mélange sur la palette des couleurs.

Nous nous arrêtons sur le bas-côté pour piquer une tête dans la mer morte. A vrai dire, il est formellement déconseillé d'y plonger la tête, le taux de salinité y est si élevé que l'irritation est inévitable. Je mets donc un premier pied dans l'eau, puis un autre. Je m'enfonce rapidement dans une espèce de boue et manque de perdre l'équilibre. J'arrive finalement à un endroit assez profond pour oser m'allonger, faire confiance en la nature et me laisser flotter. C'est une sensation d'apesanteur qui m'envahit à ce moment-là. Doigts de pieds en éventail et mains en l'air, je flotte sans effort, comme par magie. Une petite vague me fouette le visage et voilà qu'une gouttelette frôle mes lèvres. Mécaniquement, je passe ma langue sur mes lèvres pour enlever cette petite goutte. Quelle erreur… J'ai l'impression d'ingérer un produit chimique puisque cette simple gouttelette me fait automatiquement baver. Sûrement un automatisme de l'anatomie pour lutter contre cette salinité toxique. Je ne reste pas plus de 15 minutes dans l'eau avant de sentir les premiers signes d'irritation. Je sors de là et passe ma main sur ma peau. De manière assez surprenante, ma peau est huileuse. Je m'empresse alors de trouver de la boue pour nettoyer les pores de mon épiderme. Mes camarades de voyage font de même avant que nous nous dirigions, tous ensemble, vers une source d'eau chaude.

C'est une petite cascade qui dévale un magnifique rocher. L'eau est chaude et a la douceur du coton. Nous contemplons le paysage dissimulé par de hautes fougères avec une vue imprenable sur les montagnes rouges de l'autre côté du rivage.

Puis, nous prenons connaissance de l'existence d'un lac rose. Non pas rose pâle, mais d'un rose intense et flamboyant. Aussitôt notre peau purgée du sel, nous reprenons la route à la recherche de ce lac sans savoir que nous y découvririons bien plus.

Nous garons la voiture sur un belvédère, appareil photo à la main, prêts à mitrailler cette merveille peu connue. Sur le bord de cette route, une famille prépare un énorme barbecue. Le sourire aux lèvres, deux hommes nous tendent trois tasses de thé. Bilkiss ne peut malheureusement pas rester avec nous, les hommes. Elle rejoint donc le groupe de femmes. Force est de constater qu'avec Benjamin, nous devons faire une entorse à l'égalité des sexes, valeur qui nous est pourtant chère, pour que cette famille nous laisse entrer dans son intimité, dans sa culture. Cette entorse en valait largement la peine.

Nos hôtes ne savent pas parler anglais. Mais si les gestes, les sourires et le cœur parlent à notre place, Google traduction permet d'approfondir la conversation. Nous prenons quelques selfies autour du thé. Jusqu'ici, tout allait bien. Je demande à l'un des jeunes de m'envoyer la photo sur Facebook. Je tape son nom dans la barre de recherche, je clique sur sa photo de profil et là… douche froide. Sur cette photo, le jeune homme brandit deux armes lourdes avec un bandeau en tissu sur lequel est écrit des mots arabes de couleur blanche, sur un fond noir. Je pense immédiatement aux images de propagande terroriste. Mais je ne dois pas faire volte-face. Je me répète intérieurement : « Alexandre, garde ton calme, tu te fais des films, reste sympathique ». Je mets en veille mon téléphone, le regarde avec un sourire et lui demande si les armes sont réelles. Il m'affirme le contraire… Le doute reste présent.

A peine cet échange ambigu terminé que le chef de famille me demande quelle est ma religion. Drôle de question.

- « Catholique. »

Je l'entends demander à son fils de traduire quelque chose via Google traduction. La traduction est mauvaise à tel point que je ne comprends pas le sens de la phrase si ce n'est trois mots : « *différent* », « *séparation* » et « *raciste* ». Le palpitant qui s'accélère, je dois faire vite. Je sens que ce petit échange peut rapidement tourné en cauchemar.

- « Je n'ai pas compris la traduction, est-il possible de traduire de nouveau ? »

Le fils pianote sur le clavier de son téléphone, les secondes durent de longues minutes, il me tend le téléphone :

- « Nous sommes tous des frères. »

Soulagement. Quel soulagement, je me suis simplement fait des films, bien qu'ils auraient pu être fondés ! Heureusement que non. Une tasse de thé et j'étais de nouveau à l'aise. Le paysage est absolument magique. Le soleil se couche derrière les nuages qui voguent au-dessus des montagnes d'Israël. Le soleil voilé se reflète dans le bleu de la mer, puis cette famille qui nous accueille, les odeurs de la cuisine orientale… J'en ai les larmes aux yeux. Le temps passe aussi rapidement que la viande cuit sur le feu. Nos hôtes nous invitent à dîner avec eux. Comment refuser ? Nous nous asseyons en tailleur autour d'un tapis sur lequel est posé l'énorme récipient qui servait à cuire le foie caramélisé par les oignons. Au bord de la mer Morte, il y a énormément de mouches, il nous est bien difficile de ne pas en croquer une. Mais bon, l'expression qui prétend que les choses les plus simples sont les meilleures a pris tout son sens à cet instant. La famille me sert et me ressert des plats, je vais exploser ! C'est donc ça la légendaire générosité du peuple Jordanien... Le soleil s'est couché, nous n'avons pas vu le lac rose. Mais le spectacle n'était finalement pas ce fameux lac, mais les rencontres que nous y avons faites pour y parvenir.

La nuit commence à grignoter le jour. Benjamin ne souhaite pas conduire trop longuement dans le noir et préfère partir. Bilkiss, quant à elle, préfère rester un peu plus longtemps. Je suis du même avis.

- « Au revoir Benjamin, ce ne sont pas des adieux, nous sommes certains que nos routes se croiseront de nouveau dans ce pays. »

19h00, il est temps de quitter cette merveilleuse famille. Il est également temps pour Bilkiss et moi-même de trouver un endroit où dormir.

- « Tiens Alexandre, tu as une tente non ? Et si nous campions près du lac rose pour le voir à notre réveil ? »

Même si le camping sauvage est interdit en Jordanie, je réponds par la positive. Quel cadre idyllique pour y passer la nuit.

Jour 4 – Frayeurs nocturnes

00h00, réveil en sursaut. A seulement 10 mètres de notre tente, les aboiements d'un chien errant d'une puissance alarmante. Nous ne sommes pas les bienvenus sur son territoire.

- « Bilkiss ? T'entends ? On fait quoi ? On sort de la tente en agitant les bras et en criant pour effrayer le chien ? »

- « Non Alex, je pense qu'il vaut mieux attendre qu'il se calme… »

Dix minutes passèrent… Quinze minutes passèrent…A la vingtième minute, le chien ne s'était toujours pas calmé. Nous sommes pétrifiés. Je lance à Bilkiss :

- « Il faut qu'on trouve de quoi se défendre, on essaie de prendre discrètement une grosse pierre à l'extérieur de la tente ? »

Bilkiss me fit très justement remarquer qu'étant sur une sorte de plage, aucune pierre n'est à notre portée.

- « Alex, j'ai une idée ! J'ai un couteau suisse dans mon sac... Prends-le ! Je n'aurais jamais le courage d'abattre ce chien en cas d'attaque... »

- « Ça ne me fait pas plaisir non plus mais c'est lui ou nous... Tiens Bilkiss, prends une sardine de tente pour te défendre. »

Oui, une sardine de tente. Si c'est pour dire à quel point nous sommes désespérés.

00h25, les aboiements s'intensifient et le chien s'approche de nous. Nous ne bougeons pas, ne respirons plus, nous levons les yeux au ciel, croisons les mains et prions.

A cent, cent-cinquante mètres de nous, un sifflement. Nous ne savons pas où précisément et encore moins qui venait de siffler, mais le chien s'en est allé, suivant aveuglément ce son strident. Sauvés ! Enfin c'est ce que nous pensions... Nous nous relevons dans la tente et décidons de ranger tout le matériel pour partir au plus vite. Le chien peut revenir à tout instant.

A peine sortis de notre abri que mon attention est attirée par des lumières qui vacillent sur le bord de la route. Ce ne sont pas des lumières… Mais des gyrophares ! Nous en sommes là, à camper illégalement sur le bord de la mer Morte, réveillés en panique par un chien errant et voilà que s'invite à cette terrifiante étape, les forces de l'ordre. Environ quinze lampes torches tentent de pénétrer les ténèbres de la nuit pour nous repérer. Vainement. Le contrebas et les buissons derrière lesquels nous nous cachons, ne permettent pas à ces petites lumières de nous démasquer. J'interpelle Bilkiss :

- « Il faut que l'on parte rapidement sinon on va se prendre une amende salée… Ou pire… la prison ! Les droits de l'Homme ne sont pas toujours respectés ici. »

A peine ai-je eu le temps de finir ma phrase qu'un énorme panneau lumineux émergea du véhicule de police. Une lumière aveuglante en jaillit. Nous sommes repérés. A l'instar des criminels, nous levons les bras. La cécité passagère dont nous gratifie cette lumière nous permet d'apercevoir quelque chose. Quelque chose qui ne présage rien de bon. Devant nos yeux presque fermés, une quinzaine de personnes se dirigent vers nous. Quinze petites lampes torches qui dévalent le contrebas dans lequel nous nous sommes enfoncés. Ces lampes approchent, nous distinguons des silhouettes, puis des visages, puis leurs tenues. Ce ne sont pas des policiers. Ce sont des militaires ! Quinze hommes en treillis kaki lourdement armés. L'un d'eux brisa le silence dans lequel nous étions plongés :

- « *How are you ?* (comment ça va ?) »

Cette question nous surprend Ô combien. Bilkiss prend la parole pour raconter notre mésaventure avec le chien. Nous voyons bien que les militaires ne comprennent pas deux mots d'anglais. Google traduction est, là-encore, notre meilleur ami surtout dans ce genre de situation. Nous confions à l'officier nos passeports. Nous rangeons en trombe la tente et nos duvets. Ce petit escadron nous escorte un peu plus haut, sur le bord de la route. Sur le chemin, l'un d'entre eux me saisit le bras et m'éloigne du groupe. Je ne sais pas à quoi m'attendre. Il commence à me parler, en arabe, je ne comprends rien. Il utilise donc les gestes pour se faire comprendre. J'aurai préféré ne pas comprendre du tout. Il me demande, avec une curiosité déplacée et une pointe de perversité si j'ai couché avec Bilkiss. Je lui réponds que nous sommes de simples amis et nous rattrapons le reste du groupe. Une fois la barrière de sécurité routière enjambée, nous découvrons dix autres militaires, un camion de pompier ainsi qu'une ambulance.

00h55, la fatigue a laissé sa place à la peur et l'inquiétude. Allons-nous devoir payer le déplacement de toute la cavalerie ? Cela faisait à peine 3 jours que nous étions dans ce pays que l'on se voyait déjà repartir plus tôt que prévu. L'officier mit un terme à nos divagations. Il nous dit de nous mettre devant le camion de pompier. A quelle sauce vont-ils nous manger… L'officier passe sa main près du holster qui abrite son arme. Il ne sort pas son 9mm, Dieu merci. Il glisse sa main dans sa poche pour en sortir… un téléphone ! Surpris mais rassurés, nous ne comprenons rien à la situation. L'officier ordonne à ses subordonnés de se mettre en rang d'oignons à nos côtés. Voilà que le shooting photo pouvait commencer. L'officier s'agenouille, nous photographie sous tous les angles. Une photo avec les militaires, une autre avec les pompiers, une autre avec les ambulanciers… Nous ne comprenons rien à ce qui est en train de se passer. Tiens, l'officier a enfin finit de nous tirer le portrait. Par je ne sais quel éclat de témérité,

Bilkiss lui demande si nous pouvons avoir, nous-aussi, une photo avec les militaires. Ces derniers refusent... En revanche, les pompiers et ambulanciers ne sont pas soumis à un quelconque secret. Un nouveau shooting photo pouvait commencer.

La cavalerie nous remercie et nous invite à reprendre notre voiture garée un peu plus loin.

1h10, nous voilà à bord de la Mitsubishi, roulant sans but précis dans une nuit profondément noire. Nous avons du mal à réaliser ce qu'il venait de se passer. Puis, Bilkiss eut une idée :

- « Notre voiture était garée en pleine nuit sur le bord de la route, tu ne penses pas que quelqu'un ait pu la signaler ? Un Jordanien aurait effectivement pu penser à un accident... D'où les secours et le "*How are you ?*" » lançait par le militaire. »

Voici la seule explication rationnelle que nous avons trouvée. Nous nous arrêtons sur le parking d'une mosquée pour nous endormir dans la voiture.

Jour 5 – Dans le desert 1/3

5h30, la prière du muezzin annonce les premiers rayons de soleil.

Nous appelons Benjamin pour lui raconter la nuit passée. Au fil de la discussion nous apprenons qu'il se trouve dans le village Bédouin du Wadi Rum. J'allume le moteur de la Mitsubishi et programme le GPS : direction le Wadi Rum. Ce lieu bien connu des Jordaniens est un désert à l'entrée duquel réside une tribu Bédouine. Les Bédouins sont un peuple de nomades vivant généralement dans le désert. Nous retrouvons Benjamin chez l'un des nomades qui l'hébergeait en Airbnb.

- « Tu vois Benji, j'étais certain que nos chemins se croiseraient de nouveau »

Le propriétaire de la maison dans laquelle nous sommes se prénomme Awad. Une tente traditionnelle est installée dans le jardin pour y accueillir les touristes. Ce campement est directement accolé à un enclos fait de briques dont l'absence de peinture laisse entrevoir le ciment. A l'intérieur de cet enclos, des moutons et des agneaux. Je dirige mes yeux vers l'horizon pour découvrir avec stupéfaction l'immensité du paysage. D'imposantes montagnes entourent le village, le protège de l'inhospitalité du désert. Le sol n'est pas goudronné mais est composé d'un sable rouge pourpre dans lequel s'enfonce mes chaussures.

Avec Benjamin et Bilkiss nous décidons de faire un tour dans ce village perdu au milieu de nulle part mais qui regorge pourtant d'une vie rayonnante. C'est assez étonnant oui. Les enfants inondent les rues, arborent de grands sourires, certains ont les joues rouges de timidité et nous regardent avec curiosité. Il ne me fallait pas plus que ce cadre digne d'un film pour tomber amoureux du Wadi Rum.

10h00, Benjamin et Bilkiss décident de louer les services d'un Bédouin pour visiter le désert en 4x4 et passer la nuit dans un campement spécialement aménagé pour les touristes. Quant à moi, je décide de poursuivre seul mon périple en réalisant le projet qui me tenait le plus à cœur en arrivant en Jordanie : randonner en totale autonomie et en parfaite solitude durant 3 jours dans le désert.

L'heure est aux adieux, je n'ai aucune certitude de revoir Benjamin et Bilkiss si ce n'est à Paris. On s'enlace, les larmes aux yeux, avant de se quitter. Mon expédition peut commencer. Avant tout, je dois m'organiser. Il serait inconscient de se confronter au désert sans préparation. Mon objectif n'est d'ailleurs pas de m'y confronter mais plutôt… de ne faire qu'un avec lui ! Je décide donc de découper les 3 prochains jours comme suit : la première journée sera destinée à randonner dans le désert pour avoir une idée des distances, de ma consommation d'eau et de la difficulté qu'est celle de marcher dans le sable avec un sac à dos. Je rentrerai ce soir chez Awad pour tirer les leçons que le désert m'aura enseigné. Ensuite, je passerai les 2 jours suivants en totale autonomie avec l'objectif de dormir seul dans cette étendue désertique. Vêtu d'un pantalon couleur sable, d'une chemise anti-UV de la même couleur ainsi que d'un chèche sur la tête pour me protéger des rayons du soleil, je sors du village et me dirige vers l'aventure. Je croise quelques Bédouins sur le chemin, certains me demandent si je vais bien, d'autres me déconseillent de marcher seul dans le désert… Il y'en a même un qui me prend en photo ! Décidément, ce n'est pas monnaie courante de partir seul dans cet endroit. Mais il en fallait plus pour m'inquiéter, il en fallait plus pour me faire renoncer. Pas à pas, je distingue au loin d'énormes envolées de sable orchestrées par un vent puissant. Impressionné, je sors mon appareil photo et bombarde de clichés. Puis, en une fraction de seconde, une rafale de vent soulève les dunes autour de moi. Me voilà pris dans une tempête de sable. Le chèche plaqué sur mon visage, je tente de protéger mes yeux et ma bouche de toutes ces fines particules rocheuses. Le sable est transporté par le vent et me fouette mes jambes. J'en ai des égratignures. Je continue d'avancer, espérant trouver un abri derrière un rocher. La tempête prend de l'ampleur, je ne vois pas plus loin que 5 mètres devant moi. Le vent transperce mes oreilles à m'en rendre fou. Vite, un rocher à quelques mètres de moi, je cours pour me réfugier derrière. Mes pieds s'enfoncent dans le sable, la chaleur m'assomme, mais je ne peux abandonner. Une fois protéger du vent, je reprends mes esprits. J'ignore combien de temps une tempête de sable peut durer, j'attends et ne peut m'échapper. Je suis comme emprisonné derrière ce rocher.

Le vent se calme enfin, le crépuscule commence à faire son œuvre, il est grand temps de retourner au village. Sur le chemin du retour, j'ai eu le temps de réfléchir aux enseignements que m'avait prodigué cette journée : ne pas sous-estimer le désert. Je ne m'étais pas préparé à autant de difficulté, la distance que j'avais prévu de parcourir a été considérablement réduite par cette tempête. Je dois me reposer. Arrivé chez Awad je trouve du réconfort. Les enfants du village jouent au football pieds nus dans le sable truffé de pierres. Ils m'invitent à jouer avec eux. Je me déchausse et commence à courir après la balle pour marquer des buts. Je ne sais pas de quoi ces enfants sont composés, mais leurs pieds ne sont pas comme les miens. En à peine 5 minutes de jeu, j'avais déjà remis mes chaussures. C'était impressionnant. A la fin de la partie, je n'avais qu'une envie : me doucher. Me voilà couvert de sable et de sueur, une bonne douche me ferait définitivement le plus grand bien. Je me déshabille, m'avance vers le pommeau de douche et ouvre le robinet d'eau chaude.

L'eau ne coule pas. Le pommeau crache par intermittence des filets d'eau. On dirait que le pommeau de douche suffoque, comme s'il avait du mal à respirer. Effectivement, c'est sa mort qui s'annonçait. Il n'y avait tout simplement plus d'eau. Déçu, je regagne mes vêtements et comprends à quel point l'eau courante est un luxe.

Je me glisse dans mon lit de bonne heure, les deux prochains jours allaient me demander beaucoup d'énergie.

Jour 6 - Dans le desert 2/3

Le réveil sonne, il est 7h00. Je me dirige vers la seule épicerie du village pour y acheter 5 litres d'eau, un paquet d'amandes et une boite de pâtisseries orientales. Les pâtisseries orientales sont comme des petits bijoux gastronomiques protégés dans un écrin de cannelle et de miel. Voici mes repas pour les deux prochains jours. Du courage, il m'en fallait. Je devais me préparer psychologiquement à passer les deux prochains jours, dont une nuit, au milieu d'une éventuelle tempête de sable.

Après 1h30 de marche, le réseau de mon téléphone m'abandonne totalement. Je suis exactement là où je voulais : coupé du monde. Pour me repérer, j'utilise une boussole ainsi qu'une application smartphone dont le GPS fonctionne – plus ou moins – sans réseau. Je suis désormais livré à moi-même, en cas de problème, personne ne peut savoir où je suis. C'est une sensation exaltante. C'est dans ces moments-là que je me sens vivre. Sortir de sa zone de confort permet d'entrer dans sa zone d'évolution, un endroit où ses rêves deviennent réalité, un endroit où l'on trouve du sens à tout ce qui nous entoure, un endroit où l'on trouve la paix et où la notion du temps est inexistante.

Si mon esprit est léger, mon sac à dos est lourd, trop lourd. Je suis content de ne pas m'être encombré de nourriture. La météo, quant à elle, est bien plus clémente que la veille. Pas un souffle de vent à l'horizon. Comme quoi, ma détermination est récompensée. J'arpente le désert, les pieds dans du sable parfois rouge, parfois jaune pâle. Je zigzague parmi les blocs rocheux. Aucun ne se ressemble, aucune dune ne se ressemble non plus. La géologie du sol varie laissant tantôt place à du sable, tantôt place à du « dur », ce qui facilite mon avancée. D'ailleurs, je n'erre pas sans but précis dans ce désert. Je me suis fixé comme objectif de relier un point : le Barrah Canyon.

Que vois-je au loin ? Un crâne ? Oui, je m'approche, un crâne de chèvre. Wow, je suis vraiment paumé ! Je m'arrête de temps à autre pour sentir le désert, le toucher, l'aimer. Je passe ma main dans le sable, le fait glisser entre mes doigts puis recommence une nouvelle fois. Mes pensées se vident, le temps s'arrête et j'entre dans une profonde quiétude. La fatigue se fait ressentir même si le soleil est à son zénith. Je m'allonge sur ce nuage rouge, matelassé, cotonné, qui épouse la forme de mon corps. Je m'endors paisiblement et fais confiance à ma bonne étoile pour me protéger des scorpions et des serpents. Après un sommeil profond d'une durée indéterminée, mes paupières s'ouvrent. J'ai du mal à réaliser que je me trouve réellement dans le désert, sous un silence et un soleil de plomb. Je reprends la marche, les pensées reviennent et se bousculent dans ma tête, je laisse mon corps communiquer avec mon âme et écoute attentivement ce qu'il s'y dit. Je ne suis pas si seul que ça finalement, je ne m'ennuie pas, le silence n'est pas si pesant, je suis simplement plongé dans une partie de ma conscience qui ne m'avait jamais été dévoilée.

J'aperçois une grande tente à quelques mètres de ma position. Au fur et à mesure que je m'approche, mes narines flairent l'odeur du feu de bois et du thé. Deux Bédouins profitent eux-aussi de la paisibilité de ce lieu. Je les salue. Curieux de me voir seul au milieu de nulle part, ils m'invitent à prendre place avec eux. Nous discutons longuement, notamment d'un sujet qui piquait ma curiosité depuis toujours : la polygamie. Ils m'expliquent que l'islam autorise un homme à se marier avec 4 femmes maximum. Certaines conditions sont toutefois à remplir… et pas des moindres ! Les Musulmans polygames doivent respecter une parfaite égalité de traitement entre chacune de leurs femmes. Si cette égalité ne peut pas être assurée, par exemple, si une femme reçoit plus d'amour ou plus d'argent qu'une autre, alors la relation polygame deviendrait un péché. Il en est de même pour les enfants qui naîtraient de cette union, ils doivent également être traités de manière équitable. Nous poursuivons la conversation. Je leur demande si ce modèle familial est encore répandu. Ils me répondent que leur père avait 2 femmes, mais que la « nouvelle génération » avait tendance à ne pas perpétuer cette tradition. Seuls les plus riches peuvent se permettre d'avoir plusieurs femmes puisqu'il faut pouvoir les « entretenir » de manière équitable. J'en profite aussi pour leur demander pourquoi boivent-ils du thé, soit une boisson chaude, dans un désert déjà brûlant. Ils m'expliquent que le thé fait remonter la température de notre corps et entraine le phénomène de sudation, nécessaire à évacuer la chaleur et permettre la thermorégulation. Je comprends mieux désormais. Aller, l'heure tourne et je souhaite reprendre ma route.

J'atteins enfin le Barrah Canyon et contemple avec émerveillement sa ressemblance avec le Colorado. Le soleil est si bas dans l'horizon qu'il n'éclaire pas ce vieux couloir rocheux.

La luminosité commence à diminuer, je vais camper là. Le vent se lève légèrement mais rien de dérangeant. J'installe ma tente, mange quelques amandes et pâtisseries tout en regardant le coucher de soleil. Les différentes nuances du sable prennent toute leur subtilité. Je suis seul, à quelques dizaines de kilomètres de la civilisation et pourtant, j'ai l'impression d'en être à des années-lumière. Je suis ému devant la richesse de ce décor. Cela confirme qu'être seul n'est pas une tare, n'est pas une honte et peut parfois bien au contraire, devenir un moment de paix profonde avec soi-même.

La température extérieure diminue aussi rapidement que le soleil embrasse la ligne de l'horizon. Je me glisse dans la tente, m'installe dans le duvet et admire les étoiles à travers la moustiquaire.

Il est seulement 17h00 et pourtant je ne vois plus rien à l'extérieur. Que vais-je faire jusqu'au moment où le sommeil m'emportera ? Je décide de bouquiner, les heures passent à une vitesse ahurissante, je perds toute notion du temps. En 3h de lecture, je n'avance que de 50 pages. Il est 20h00 et la fatigue me pèse, je ferme les yeux et m'endors.

Jour 7 – Dans le desert 3/3

Aux alentours d'1h00 du matin, j'entends la bâche imperméable de ma tente qui commence à s'animer. Le bruit que je perçois ressemble à celui d'un homme ou d'un animal qui frôlerait mon habitacle. Je ressens une présence et mon cœur s'accélère. Puis, je me suis souvenu que, bien souvent, les pires des peurs que l'on se fait sont simplement psychologiques. L'esprit a la fâcheuse tendance d'affabuler. Alors je reprends le contrôle intérieur, respire paisiblement et tente d'analyser ce son. Finalement, ce n'est que le vent. Aller, je me rendors presque immédiatement, oubliant cette page. Les premiers rayons du soleil chassent l'obscurité et rétrécissent mes pupilles cachées sous mes paupières. Je mange quelques pâtisseries orientales, bois un peu d'eau et profite du lever de soleil. C'est une nouvelle lumière qui s'offre au monde. Elle donne une toute autre couleur au désert qui est bien loin de ressembler à celui que j'avais rencontré la veille. J'ai l'impression de pouvoir tenir le désert dans ma main, d'avoir créé un lien impérissable avec lui et qu'il me donnera l'énergie suffisante pour retrouver mon chemin.

Je me remets en route, doucement. J'observe quelques instants une vallée entourée de ces imposants blocs de roches rouges. Puis, un véritable essaim de mouches stoppe mon avancée pour m'agresser. J'ignore pourquoi, enfin peut-être est-ce l'absence de douche… Les mouches se baladent partout sur mon visage. Je remonte mon tour de cou jusque sous mes yeux et place le chèche sur mon front. Malgré tout, ces invitées non désirées parviennent à se poser sur mes pommettes, sur mes sourcils… ai-je l'air d'un animal en fin de vie ? Je me suis posé la question. Le bourdonnement incessant me fait perdre mon calme. Je m'arrête pendant 15 minutes pour abattre l'un après l'autre, ces minuscules agresseurs. Si quelqu'un me voyait… Il me prendrait pour un fou ! Chose faite, je continue d'avancer, la route est encore longue pour rentrer au village. Le soleil est bien là et il tape fort. Mon visage rouge comme une écrevisse commence à peler. Equipé de ma boussole, je trouve rapidement la sortie du désert. Les barres de réseau grimpent sur mon téléphone. Me voilà de nouveau dans la civilisation. J'informe mes proches que je vais bien avant de rechercher un restaurant dans le village. Je suis affamé. Un restaurant est ouvert. Je discute avec le cuisinier avec mes trois mots d'arabe. J'apprends qu'il vient du Yémen. Au menu, une énorme assiette de riz avec une grosse cuisse de poulet épicée. Je paye le tout 6 €, conscient que c'est un prix de touriste, je ne vais pas faire la fine bouche vu le peu de restaurant dans ce village. Je prends place et dévore l'assiette en un rien de temps. Le Yéménite me demande si j'en veux encore. Je lui réponds gentiment ne pas avoir assez d'argent liquide sur moi pour payer un plat supplémentaire. Il me regarde avec un sourire, retourne dans la cuisine et reviens vers moi quelques secondes après avec le même repas.

17h00, je retourne chez Awad prendre une bonne douche. J'envoie un SMS à Benjamin et Bilkiss pour savoir où ils sont. Ils sont à Gaia, la ville qui borde le célèbre site de Petra. J'ai vécu tout ce que je voulais vivre dans ce désert alors je me prépare à reprendre ma superbe Mitsubishi. Je troque ma boussole contre le GPS et le programme pour Gaia. La route est bonne, la circulation fluide et les paysages sont loin des champs que nous avons l'habitude de traverser en France. Les paysages arborent plutôt l'irremplaçable roche rouge au sein de laquelle quelques arbustes arrivent miraculeusement à pousser. En arrivant à l'auberge, ce n'est pas Benjamin ni même Bilkiss qui m'accueillirent. Mais Marie, rencontrée quelques jours plus tôt à 200km de là ! Mes 3 compagnons de route s'étaient mis d'accord pour se retrouver à Gaia ce jour-là. Nous voilà de nouveau réunis. Nous partageons notre chambre avec Rima, une comptable d'origine algérienne qui vit à Paris. Il est temps de dormir, demain nous visiterons Petra, réveil prévu à 5h55 !

Jour 8 – Petra 1/2

Voilà ce que j'aime dans le fait de voyager seul : être libre. Voyager seul offre mille possibilités. Mille possibilités de rencontrer d'autres voyageurs qui ont les yeux grands ouverts sur le monde et qui rêvent de le parcourir. Être seul permet de s'ouvrir aux autres et de laisser le destin guider ses pas au fil des rencontres qu'on y fait.

Avec mes trois compagnons de route, nous prenons nos voitures respectives pour nous rendre dans la 7ème merveille du monde : Petra. Petra est une citée nabatéenne taillée il y a environ 2000 ans dans la roche. Les Nabatéens étaient un peuple de puissants commerçants d'épices et d'encens. Les principales théories sur l'origine de Petra s'accordent à dire que ce site, caché au milieu des montagnes, permettait aux Nabatéens de protéger leurs marchandises. On y trouve un amphithéâtre, des tombeaux, un monastère, sans oublier le célèbre Trésor aux portes d'un canyon nommé « Siq ». Justement, nous avançons dans ce fameux Siq long de 1200 mètres, on y voit encore les vestiges du réseau hydraulique qui permettait à ce peuple ancien de s'approvisionner en eau. Le Siq a été forgé par une rivière qui s'écoulait jadis ici. Sa largeur ne dépasse pas les 3 mètres à certains endroits. Nous marchons une quinzaine de minutes dans cet intestin de pierres avant d'apercevoir le Trésor. C'est un tombeau Nabatéen haut de 40 mètres et taillé à même le grès. On peut encore distinguer des impacts de balles sur sa façade. Certains pensaient qu'un trésor de pharaon se cachait derrière ses pierres… Ce qui lui a d'ailleurs valu son nom de « Trésor ».

La journée se déroule à merveille, nous y faisons une rencontre marquante, celle d'un vagabond qui arpente le globe depuis plus de 10 ans. Il s'appelle Otavio et est originaire de Sao Paulo au Brésil. Nous discutons en anglais. Je lui demande :

- « A voyager sans cesse, n'as-tu pas peur de perdre le lieu que tu appelles "maison" ? »

- « Tu sais, voyager comme je le fais implique de nombreux avantages, c'est enrichissant, aucun jour ne se ressemble. S'agissant de ma maison, bien qu'elle soit à Sao Paulo, les lieux que j'appelle « maison » sont situés à différents endroits parsemés sur cette Terre dans lesquels j'y ai laissé mon cœur. J'ai donc plusieurs lieux que j'appelle "maison" »

- « Et… ne regrettes-tu pas de ne pas pouvoir entretenir des relations, mêmes amicales, de longue durée puisque tu ne restes jamais au même endroit plus de 3 mois ? »

- « C'est sans hésiter le plus gros inconvénient du mode de vie que j'ai choisi. C'est parfois difficile. Néanmoins les rencontres éphémères que je fais chaque jour sont d'une intensité sans pareille. C'est un compromis à trouver »

Notre échange continue, Otavio me dit quelque chose qui allait prendre tout son sens dans les prochains jours. Je ne le savais tout simplement pas encore à ce moment-là.

- « J'ai passé 3 mois dans le Nord de l'Inde et je n'y ai pas vu le Taj Mahal, tu sais pourquoi ? Parce que les rencontres faites sur place m'ont poussé à choisir un autre chemin plutôt que vouloir à tout prix visiter les incontournables du pays »

Après cette conversation, Otavio prit la décision de retourner à son auberge. Cela faisait déjà 3 jours qu'il visitait le site de Petra, il en avait fait le tour. Benjamin souhaite quant à lui se retrouver seul pour s'imprégner des lieux. Je continue donc la visite avec Bilkiss, Marie et Rima.

Il est 16h, le soleil ne va pas tarder à se coucher. Nous décidons d'aller à l'autre bout de Petra et plus précisément au monastère. Un monument imposant lui-aussi taillé dans la roche. Nous sommes à un peu plus de 1000 mètres d'altitude, le vent souffle fort, c'en est presque dangereux. Mais tant mieux, aucun touriste à l'horizon. Nous avons le coucher de soleil rien que pour nous.

Une voix nous interpelle :

- « *Do you want a tea* ? (Voulez-vous un thé ?) »

Un Bédouin du nom de Mohammed, abrité sous une sorte de barnum, nous invite à le rejoindre. Nous sommes assis en tailleur sur des petits coussins. Une théière est posée sur le feu qui crépite et nous réchauffe. Nous discutons près d'une demi-heure avec lui avant d'être enveloppés par la nuit. Il nous explique qu'il lui arrive encore de dormir sur ce site pourtant classé au patrimoine mondial de l'UNESCO. Il nous emmène vers une grotte dans laquelle il a l'habitude de se réunir le soir avec ses amis pour faire la fête. De manière assez étonnante, la grotte conserve la chaleur ! Nous pourrions aisément dormir à l'intérieur alors que la température extérieure doit avoisiner les 10°... Mohammed nous explique également que la plupart des grottes sont pourvues d'adresse. Ses grands-parents, par exemple, vivaient dans la grotte n° 48. Je comprends alors qu'à une époque pas si lointaine de la nôtre, des Bédouins vivaient à l'année dans ce lieu mystique. N'oublions pas Benjamin qui était resté seul le reste de la journée. Il nous attend sur le parking à l'extérieur du site. Il est temps de rentrer pour ne pas le faire patienter trop longtemps. Mohammed a un âne et fait grimper Marie dessus. Avec Bilkiss et Rima, nous marchons à quelques pas derrière. Nous nous arrêtons un instant et Mohammed sort de son drôle de manteau un cube blanc de la taille d'un morceau de sucre. Il le tend à Rima. Forcément, Rima nous regarde et ne sait ni ce que c'est, ni même quoi en faire. Mohammed voit notre étonnement, récupère le cube et croque un petit bout dedans. Bon, ça a donc l'air comestible ! Mais qu'est-ce que ça peut bien être ? Je saisis cette étrangeté pour le renifler... Une puissante odeur de chèvre s'en dégage. Nous en déduisons donc que c'est un morceau de lait de chèvre durcit, curieux. Je le mets en bouche, je confirme ! Nous n'avions jamais goûté ça auparavant, un régale. Nous continuons notre marche puisque nous ne sommes plus autorisés à être ici. En effet, le site a déjà fermé ses portes. Mais quelle sensation incroyable, il fait nuit, nous sommes dans la 7ème merveille du monde et il n'y a pas l'ombre d'un touriste. La lune guide nos pas, nous passons devant le monastère, l'amphithéâtre, les tombeaux puis… devant le Trésor. On se sent si privilégié d'être ici qu'on a l'impression que Petra nous appartient. Nous nous arrêtons quelques instants pour contempler ce chef-d'œuvre sous le clair de lune.

Nous faisons nos adieux au Trésor et empruntons le chemin sombre et sinueux du Siq où nous peinons à voir. Nous ressentons toutefois une émotion unique, presque magique. C'est avec les larmes aux yeux que nous sommes sur le point de quitter cet endroit mythique. Le vacarme des sabots d'une mule au galop brise le silence dans lequel nous sommes plongés. Le bruit s'intensifie puis s'arrête brutalement à quelques mètres derrière nous. Le cavalier est un Bédouin vêtu d'une longue cape noire, la même que celle que porte

Mohammed. Il a de longs cheveux noirs et une imposante barbe de la même couleur. En s'approchant, je remarque que ses yeux sont également noirs et qu'ils sont d'ailleurs obscurcis par le Kohl qui les entoure. Il vient saluer Mohammed. Ce Bédouin a une enceinte dans une main, une bouteille en plastique contenant un étrange mélange dans l'autre main. Il me regarde et me dit en anglais :

- « Ça te dirait de dormir dans Petra cette nuit ? »

Nous sommes définitivement privilégiés, ce sosie de Jack Sparrow nous propose de dormir dans la 7ème merveille du monde... Nous n'en revenons pas. Un problème de taille demeure toutefois, il est illégal de rester dans Petra après la fermeture du site, il est donc *a fortiori* interdit d'y passer la nuit. Notre hôte insolite s'appelle Raaed. Il nous annonce :

- « Les rangers (ceux qui surveillent Petra), vous ont vu. Vous devez quitter le site, je vous retrouverai sur le parking et je vous ferai passer par un autre chemin. »

A peine cette phrase terminée qu'il était déjà reparti au galop. Un peu secoués par tant d'émotions, nous ne réfléchissons pas. Nous sortons de Petra pour nous rendre sur le parking où nous attendait Benjamin. Nous lui racontons notre rencontre avec les Bédouins et cette invitation à passer la nuit dans la 7ème merveille du monde. Rima et Benjamin étaient un peu plus réticents à l'idée de suivre un parfait inconnu dans des chemins de traverse pour entrer illégalement à l'intérieur d'un site classé au patrimoine mondial de l'UNESCO. C'est compréhensible. Rima et Benjamin sont alors retournés à l'auberge. Pour ne pas s'encombrer, Bilkiss a laissé son sac à dos à Benjamin, pensant le revoir le lendemain…

Raaed nous rejoint sur le parking et me tend sa bouteille, j'en bois une gorgée. C'est une sorte de pastis appelé « Arack » qui contient 52% d'alcool tout de même ! Je dois dire que ça m'a bien détendu. Nous faisons notre sac pour la nuit, un duvet suffit amplement.

Nous avons du mal à réaliser que nous nous apprêtons à vivre l'une des aventures les plus folles de nos vies. Raaed ne nous a pas menti, nous prenons réellement un chemin de traverse en passant sur le sommet de petites montagnes. Le site de Petra est gardé par un imposant mur de barbelé derrière lequel se trouvent des chiens et d'aveuglantes lumières. Nous faisons attention de ne pas trébucher sur ce sol rocailleux. Raaed, sur sa mule, nous demande d'accélérer le pas. Il nous annonce être recherché par la police et qu'il ne faut donc pas trainer. Cette information a eu l'effet d'un coup de massue porté sur nos têtes. Nous sommes avec un fugitif à braver l'Interdit. Nous n'osons pas demander à Raaed la raison de sa cavale. Devant l'avancée du mur de barbelés, nous apercevons un passage ouvert. Nous nous y glissons. De là, nous retrouvons Mohammed ainsi qu'un autre Bédouin, Tafal. Tous deux ont un âne. Bilkiss chevauche la mule de Raaed, Marie l'âne de Mohammed et moi, l'âne de Tafal.

En principe, du parking jusqu'au Trésor, il y a 15-20 minutes de marche. Pourtant, cela faisait déjà plus de 45 minutes que nous étions à dos d'âne sans vraiment savoir où nous allions. Nous avançons en ligne droite, nous empruntons des virages, parfois à gauche, parfois à droite. Toujours sur nos ânes, nous gravissons de petites collines et nous en descendons d'autres. J'en perds complètement le sens de l'orientation à tel point que je ne sais plus de quel côté nous venons. Cette prise de conscience m'a inquiété, j'en fait d'abord part à Marie puis me retourne vers Bilkiss. Mais où est-elle ? Elle n'est plus dans notre champ de vision, Raaed l'a isolé du groupe.

- « Où est Bilkiss ? », demanda Marie aux Bédouins.

Nous devons faire attention au ton employé... Nous ne devons pas montrer notre peur. Un des Bédouins nous répond :

- « Elle est loin devant, la mule Zuzu est bien plus rapide que nos ânes, ne vous inquiétez pas. »

Comment ne pas être inquiet ? Après 1h15 à dos d'âne nous avons les fesses et les jambes en compote. Les Bédouins décident enfin de garer leurs équidés près d'un buisson. Nous continuons à pied, toujours aucun signe de vie de Bilkiss. Quinze minutes supplémentaires de marche nous ont permis d'arriver – enfin – au *viewpoint*. C'est l'endroit où nous allons passer la nuit. Situé à une soixantaine de mètres d'altitude, ce spot nous donne une parfaite vue en contreplongée sur le Trésor. Nous en avons le vertige, quel spectacle ! Le *viewpoint* est abrité par une sorte de grand barnum au style oriental. Des tapis à la couleur majoritairement rouge sont disposés un peu partout. Les murs ne sont pas en ciment mais ressemblent plutôt à des tapis que l'on aurait étendus sur un fil. Nous entrons à l'intérieur et voyons Bilkiss saine et sauve. Nous voilà rassurés. La mule Zuzu est bel et bien une mule de course ! La soirée peut commencer. Au programme : bière locale et arack. Après quelques verres, nous entendons de la musique en contrebas, vers le Trésor. Nous nous approchons au bord de cette falaise pour y admirer le célèbre *Petra by night*. Le Trésor est éclairé par des spots lumineux qui projettent sur sa façade différentes couleurs. A ses pieds, une multitude de bougies éclairent cette merveille. Quelques touristes sont également présents. Nous, nous profitons de cet évènement avec un point de vue absolument unique.

Le feu des bougies s'essoufflent peu à peu jusqu'à mourir. Nous retournons au fond du barnum pour ne pas être repérés par les rangers. Au menu : poulet cuit au feu de bois avec son assortiment d'oignons, poivrons et patates. Il est 2h du matin et voilà que Mohammed nous chuchote :

- « Ça vous dirait de rentrer à l'intérieur du Trésor ? »

Wow, wow, wow. Rentrer à l'intérieur de la 7ème merveille du monde est absolument prohibé, même en journée. L'entrée est farouchement gardée par les rangers. Sauf qu'à 2h du matin... Les rangers dorment. Nous acceptons de prendre le risque, comme si nous n'en avions pas déjà assez pris. Certains peuvent y voir de l'inconscience, mais parfois, les belles récompenses impliquent de prendre des risques. Suivre son intuition, croire en sa bonne étoile et en la bonté des Hommes, voilà à quoi rime notre façon de voir le monde. Souris au monde et le monde te sourira. Sois ouvert aux autres et les autres te seront ouverts. Les risques pris pour pénétrer à l'intérieur du Trésor sont importants, on parle peut-être là de la prison... Mais nous avons confiance en nos hôtes même si nous ne les connaissons que depuis quelques heures et que l'un d'entre eux est un fugitif. Nous avons confiance en notre bonne étoile qui ne nous a jamais fait défaut jusque-là. Raaed et Bilkiss montent sur le dos de Zuzu, Mohammed et Marie sur le dos de l'âne. Quant à Tafal, la fatigue a raison de lui. Je chevauche donc seul son âne. La lune s'est couchée, nous ne voyons pas à trois mètres devant nous. Mon âne avance à tâtons, prêt à reculer s'il s'avère que le chemin laisse place au vide. Car oui, nous descendons une falaise, en pleine nuit. Le ravin sur ma gauche ne me laisse pas sans appréhension. Un pas de travers et me voilà mort. Mohammed me dit de faire confiance en l'âne… Confier sa vie à un âne franchement… Mais je n'avais pas d'autre choix si je voulais pénétrer à l'intérieur de ce tombeau nabatéen.

Après quelques frayeurs, nous arrivons enfin à l'entrée du Trésor. Nous garons l'âne. Dans une grotte non loin de là, d'autres Bédouins faisaient la fête avec la musique à fond ! Qu'est-ce que ça peut résonner. J'étais loin d'imaginer qu'en réalité, Petra était aussi bien vivante la nuit. Je me suis souvenu que leurs grands-parents vivaient ici avant que le gouvernement ne les chasse. Finalement, ce sont simplement des personnes attachées à leurs racines et à leurs terres. J'enjambe la barrière, me voilà dans l'Interdit avec mes compagnons. Je monte les quatre marches qui me séparent de l'entrée. Je me trouve sur le palier de la porte. Un pas de plus et je pourrais enfin découvrir ce qui se cache à l'intérieur de ce monument. Je ne sais pas à quoi m'attendre. Devant mes yeux émerveillés ne se trouvait rien d'autre qu'une grande salle vide avec un haut plafond et trois ouvertures assez grandes pour y placer un tombeau. Nous nous installons dans ce qui devait être un de ces tombeaux. Silencieux, nous sommes plongés dans la sacralité de ce lieu, éclairés à la lumière des bougies. Nous prenons soin de ne rien toucher, de ne rien laisser derrière nous. Il ne serait pas raisonnable d'abîmer ce lieu mythique. La fatigue commence à se faire ressentir et nous décidons non pas de retourner à la voiture, mais de retourner à nos ânes. Nous remontons sur le *viewpoint*, sortons les duvets et dormons près du feu.

Jour 9 – Petra 2/2

Réveillé par le soleil, je sors la tête de mon duvet pour m'apercevoir que mes compagnons dorment toujours. J'avance des dix petits mètres qui me séparent du vide de la falaise. Une fois arrivé au bord, j'admire l'ombre enveloppant le Trésor qui se fait peu à peu grignotée par le soleil levant. Pas le temps de rêvasser trop longtemps, les premiers touristes vont arriver. Nous rangeons nos duvets mais restons pieds nus, assis en tailleur autour du feu à regarder l'eau jaillir de la bouilloire. Le thé, appelé : « *shay* » est prêt. De manière assez étonnante, je me sens chez moi, c'est un endroit où mon cœur a décidé de s'implanter. Les bonnes manières ont laissé place à la spontanéité, j'empoigne la théière et me sers le premier d'une longue série de thés. Les touristes arrivent au *viewpoint* et prennent des photos d'eux sur ce célèbre spot : assis en tailleur sur le tapis au bord de la falaise, avec la vue en contreplongée sur le Trésor. Je me rends compte que c'est précisément ce tapis qui m'avait servi de matelas pour la nuit. Certains étrangers paient une tasse du thé que nous avons préparés. Ils n'osent toutefois pas se joindre à nous, c'est bien dommage. Après une heure de va-et-vient de ces visiteurs, j'aide Raaed à nettoyer les tasses dans une eau marron et sans savon. Les guides de Petra, quant à eux, ne viennent pas pour la vue. Entre deux visites touristiques, ils viennent trouver du réconfort sur le *viewpoint*. Je discute longuement avec eux. Certains me confient assez tristement se sentir rejetés par quelques touristes. Les Bédouins sont accueillants, il n'est pas rare qu'ils vous accostent pour vous conseiller de prendre tel chemin ou, au contraire, vous déconseiller de prendre untel. Les destinataires de ces précieux conseils se murent parfois dans un silence profond. Une indifférence vexante pour nos amis Bédouins qui ne comprennent pas cette méfiance à leur encontre.

L'idée que Raaed soit recherché par la police ne m'a d'ailleurs toujours pas quitté. Maintenant que je suis en confiance, je lui demande :

- « Je peux savoir pourquoi tu es recherché ? »

Raaed m'explique alors qu'en principe, pour que les touristes puissent accéder au *viewpoint* (son gagne-pain), il faut environ 1h30 de marche. Pour raccourcir ce temps et attirer plus de clients, Raaed a, sans autorisation, ouvert un passage autrefois condamné pour sa dangerosité (notamment à cause du risque d'éboulement). La police a tenté de l'arrêter dans Petra mais Raaed ne s'est pas laissé faire. Cinq policiers se sont jetés sur lui pour le précipiter dans la fourgonnette. Les Bdoul se sont alliés pour caillasser la fourgonnette avant de l'encercler pour en faire sortir Raaed par la force. Cela s'est passé il y a seulement 2 mois. Raaed n'est donc pas un dangereux criminel, m'en voilà rassuré, mais quelle histoire…

Il est 14h00, je n'ai toujours pas bougé du *viewpoint* et réalise que je n'aurais pas le temps de visiter l'entièreté de Petra, que je louperais d'incroyables endroits. Mais je me suis remémoré ce qu'Otavio m'avait dit la veille :

- « J'ai passé 3 mois dans le Nord de l'Inde et je n'y ai pas vu le Taj Mahal, tu sais pourquoi ? Parce que les rencontres faites sur place m'ont poussé à choisir le chemin de mon cœur plutôt que vouloir à tout prix visiter les incontournables du pays ».

C'est à ce moment-là que cette phrase prit tout son sens. J'ai choisi de suivre mon cœur en restant avec nos hôtes nomades. Nous ne bougeons du *viewpoint* qu'en milieu d'après-midi suite à la proposition de Raaed de faire un tour avec Zuzu. Avec Bilkiss et Marie nous nous rendons compte de la chance que l'on a. Nous visitons Petra avec notre nouvel ami, à dos de mule, lorsque les autres touristes paient pour ce genre d'activité. Une petite randonnée et quelques centaines de mètres de dénivelé nous attendent pour atteindre le lieu des sacrifices. Sur le chemin, nous croisons Nour et Fatima qui fument la chicha autour de l'incontournable *shay*. Nous partageons ce moment avec elles. Je reprends mon souffle après une belle quinte de toux. Je n'y avais pas prêté attention mais il y a de petits trous creusés sur le sol et trois noyaux d'olive dans certains d'entre eux. Raaed m'explique alors qu'il s'agit d'un jeu qui remontent à une époque lointaine. Il tente de m'expliquer les règles mais son niveau d'anglais ne me permet pas de les comprendre. Tant pis. Nous nous levons et, avant de retourner voir Zuzu qui nous attend sagement depuis près d'une demi-heure, Raaed nous emmène près d'un arbre. Il nous explique que le Kohl qu'il porte autour des yeux provient de la résine de cet arbre, après l'avoir calcinée. Une fois arrivés au haut lieu des sacrifices, des amis de Raaed nous invitent à manger et nous propose de fumer du hashish. C'est avec des fallafels et un joint à la main que nous apprécions la magie sanguinaire du lieu. Le haut lieu des sacrifices est une étendue lisse de roche grise sur laquelle un autel de pierre s'exhibe fièrement. On voit encore les rigoles qui permettaient au sang de couler… Nous retournons au *viewpoint* pour organiser notre soirée. Raaed nous propose d'aller chez lui, au village, pour recharger les batteries et se doucher. Cela faisait 7 jours que je ne m'étais pas douché… Mon rêve allait enfin se réaliser ! Nous arrivons dans son petit village qui regorge pourtant de vie. Les Bédouins qui animent les rues sont vêtus d'une *farwa*. La *farwa* est un long manteau qui touche généralement le sol, il est utilisé en hiver pour se protéger des soirées les plus froides. Souvent composé de peau de mouton, il tient très chaud et pèse un certain poids. Je comprends mieux pourquoi Raaed et Mohammed portent cet étrange manteau. En totale immersion dans ma nouvelle famille Bédouine, je décide d'en acheter un.

Nous arrivons chez Raaed. C'est une grande maison divisée en plusieurs étages indépendants. Cette maison appartient en réalité à ses parents, mais chacun des 10 enfants a plus ou moins ses quartiers.

Raaed nous confie ne pas dormir souvent chez lui, il est farouchement attaché à ses racines de nomade et souhaite les faire perdurer en dormant dans des endroits différents chaque soir. Nous rechargeons les batteries, les filles prennent tour à tour leur douche. Puis vient le mien. Tellement heureux à l'idée de sentir l'eau chaude sur mon corps et l'odeur du savon, j'ouvre le robinet. Rebelotte, plus d'eau. L'eau n'est pas illimitée ici non plus. De grands bidons d'eau habillent les toits des maisons du village. Une fois que le bidon est vide alors il n'y a plus d'eau. Le bidon est réapprovisionné en eau une fois par semaine, sauf que nous sommes justement en fin de semaine, pas de chance… Après quelques jurons, je me rhabille et rejoins les autres. Mohammed est présent ainsi qu'Ali, le petit frère de Raaed.

- « Quel est le programme de ce soir ? », demande Marie.
- « Et si nous dormions au Wadi Araba ? », propose Ali.

Le Wadi Araba est un désert différent du Wadi Rum. Il est fait de sable blanc et de dunes, un désert comme on l'imagine. Il est 18h00, il fait déjà nuit noire et le Wadi Araba est à 2h de route de Petra. Nous acceptons néanmoins cette folle invitation. En moins d'une demi-heure, nos nouveaux compagnons de route avaient déjà tout préparé : des grandes caisses remplies de couvertures, de nourritures, de bières et de arack. J'avais quant à moi la mission d'acheter des bougies « *shumue* » en arabe. Le commerçant me compris après avoir répété plusieurs fois ce mot imprononçable. Mohammed et Ali montent à bord de ma Mitsubishi, Raaed et Bilkiss montent dans la Renault de Marie. C'est parti pour une nuit en plein désert.

Jour 10 - Wadi Araba

Après 1 heure de route, Mohammed me dit :
- « Je peux conduire ta voiture ? Marie a laissé Raaed prendre le volant... »

Après de longues minutes de négociations je m'arrête sur le bas-côté pour lui laisser la place de conducteur. La Renault imite la Mitsubishi et s'arrête également sur le bord de la chaussée. A son volant, toujours Marie ! Sacré Mohammed... Il m'a bien berné ! Bref, les Bédouins souhaitent conduire nos belles voitures de location, c'est leur petit plaisir. Aller, tenez les clés les gars ! A peine le moteur allumé que Mohammed a déjà le pied au plancher. Il fait nuit noire puisqu'il n'y a pas de lumière publique, les routes sont montagneuses, sinueuses, dangereuses. Un panneau de signalisation affiche « 40 km/h », le tableau de bord en affiche « 98 ». Je sers les fesses et m'accroche fermement à la poignée intérieure côté passager. Je demande vainement à Mohammed de ralentir, musique à fond, une main sur le volant, l'autre sur sa cigarette. Il n'en a que faire. Il m'apprend gentiment ne pas avoir son permis. Mais pas de soucis, il conduit depuis qu'il est petit… De quoi me rassurer… Après avoir vu environ 3 fois ma vie défiler, nous arrivons aux portes du désert. Ma voiture est loin d'être conçue pour rouler dans le sable… Enfin ça, c'est la théorie ! Mohammed pousse la voiture dans ses retranchements pour ne pas s'enliser. Je sens l'arrière qui chavire selon la hauteur des dunes. Ce n'est finalement pas ma vie que je vois défiler mais plutôt la caution de la voiture de location que je vois s'envoler. La voiture s'arrête brusquement. Le sable nous a presque englouti. J'ouvre la portière, paniqué, pour découvrir bien plus grave que la profondeur dans laquelle les roues étaient enfoncées. Voilà qu'une fumée s'échappe des pneus. Mohammed a roulé tellement vite qu'il en a fait brûler la gomme et en a fait chauffer les freins ! Je lui ordonne de couper le moteur et de laisser la voiture refroidir quelques instants. La Renault nous rejoint. Nous nous activons pour enlever le sable des roues et du châssis de la Mitsubishi. Chose faite, Mohammed, Raaed et Ali se précipitent sur mes pneus pour les dégonfler, au pifomètre. Ils m'assurent que les pneus doivent être sous-gonflés pour rouler dans le sable. Il m'en fallait cependant bien plus pour être rassuré. Et puis, nous n'avons pas de gonfleur de pneus pour leur insuffler la bonne pression et parcourir sereinement les 2h de route qui nous séparent de la maison. Nous remontons dans la voiture, je me sens incapable de conduire dans ce désert, je laisse donc le volant à mon cher Mohammed. Cette mésaventure se produisit à 5 autres reprises. Les Bédouins ont enfin compris que ma voiture à aileron n'est pas un 4x4. Déjà bien perdus dans le désert, nous nous arrêtons là. J'observe le ciel, la lune, les constellations, tout y est renversé de 90° par rapport à notre ciel français. C'est très étonnant, c'en est même fascinant. Planté là, à compter les étoiles filantes, j'en oublie d'aider mes compagnons à trouver du bois pour allumer un feu. Car oui, il n'y a pas que du sable dans ce désert, il y a aussi de nombreux arbustes dont la sécheresse ferait partir un brasier d'un rien.

Nous installons un grand tapis pour isoler nos pieds nus du sable froid. Autour de ce tapis, nous disposons les bougies. La soirée peut commencer.

Bières, arack, poulet mariné cuit à l'étouffée. Un moment hors du temps. Déçu de ne pas avoir croisé de scorpions quelques jours auparavant dans le Wadi Rum, je demande à Ali s'il y en a dans le Wadi Araba. Il me répond par l'affirmative ! J'enfile mes chaussures, me glisse dans ma *farwa*, bien content de l'avoir pour me protéger du froid. Ali est surpris de me voir enfiler mes chaussures. Mais je dois avouer n'avoir aucune envie de marcher sur l'un de ces arachnides. La chasse aux scorpions peut commencer.

Nous nous éloignons à une vingtaine de mètres du camp. Eclairés par le clair de lune, Ali commence à soulever les branches des arbustes sans aucune précaution c'est-à-dire, pieds et mains nus. Je lui demande :

- « Mais tu n'as pas peur de te faire piquer par un scorpion ? »

- « Non pas du tout. Tu sais Alex, nous les Bdoul, nous sommes immunisés contre les piqûres de scorpion ! Lorsque nous sommes bébés, nos parents brûlent un scorpion, récupèrent les cendres puis les soupoudrent dans notre biberon. »

Si j'ai des doutes sur la véracité scientifique de ce procédé, une chose est sûre, ils sont définitivement immunisés contre la peur ! Nous ne trouvons pas de scorpion mais quelque chose de tout aussi effrayant. Une trace de serpent. Nous retournons au campement, la joie qui y règne nous fait rapidement oublier la faune hostile qui règne en maître dans le désert. Après avoir bien bu et bien mangés, nous nous couchons.

Jour 11 - Dernier jour avec les Bdoul

7h30, nous nous réveillons tranquillement avant de libérer les roues de la Mitsubishi du sable. Nous sommes le 9 décembre, en plein milieu du désert, avec une tripotée de Bédouins et voilà que Bilkiss a son vol pour la France demain. Nos esprits sont à mille lieux de la foule parisienne. Si loin que Bilkiss, qui était censée rentrer avec Benjamin, me regarde et me dit :

- « Alex, demain je ne prendrai pas mon avion, je rentrerai avec toi dans 5 jours ! »

Si ça ce n'est pas de l'imprévu ! Bilkiss annule son vol et réserve son billet pour le 15 décembre. Un problème de taille demeure toutefois dans notre organisation. Le sac à dos de Bilkiss, qui contient donc toutes ses affaires, est resté avec Benjamin lorsque nous l'avons quitté sur le parking de Petra. Et Benjamin rentre en France demain… Nous l'appelons (oui, il y a du réseau dans le Wadi Araba), pour lui annoncer ce changement de programme. Benjamin nous dit qu'il traverse en ce moment même un petit bled du nom d'At-Tafilah situé à 100 km de notre position. Autant dire qu'il n'allait pas être chose aisée de récupérer ce fameux sac. Nous n'avons pas envie de quitter les Bédouins... Comment faire ? Nous demandons à Raaed s'il n'aurait pas un ami à At-Tafilah qui pourrait garder le sac à dos quelques jours le temps que l'on vienne le récupérer. Par chance, Raaed connait un des résidents de ce village. Il s'appelle Abdounazir. Raaed l'appelle et échange quelques mots en arabe avec lui. Il raccroche, nous attendons la traduction en anglais de cette conversation... Bonne nouvelle ! Abdounazir accepte de garder le sac à dos. Bilkiss est sortie d'affaire ! Enfin... Nous devons encore sortir de ce désert sans enliser la voiture. Mohammed au volant de ma berline roule à toute allure. Nous voyons des dunes plus ou moins imposantes dont la silhouette épouse parfaitement le bleu du ciel. Nous voyons aussi des dromadaires noirs, ils viennent du Soudan. Et là, coïncidence, nous croisons un ami de nos trois Bédouins, qui avait lui-aussi passé la nuit dans le désert, il s'appelle Bassem.

Sur le chemin du retour au village de Petra nous nous arrêtons dans une station-service faire le plein et prendre un thé. J'avoue ne pas être rassuré lorsqu'à l'approche de l'accueil j'aperçois, accroché au mur, une sourate du coran avec un fusil en dessous. Nous buvons rapidement le *shay* et reprenons la route. La voiture a bien roulé malgré le sous-gonflage des pneus. Arrivés chez Raaed, nous prenons en guise de petit déjeuner les indétrônables fallafels et l'houmous. Sa mère nous a également confectionné des bracelets, nous sommes très touchés par le geste.

Mohammed souhaite nous emmener à Little Petra. Il s'agit également de ruines nabatéennes situées légèrement plus loin que Petra. On en fait rapidement le tour mais cela n'en reste pas moins magique. Mohammed a toujours le volant. Il conduit pieds nus, un joint à la bouche et un verre d'arack dans la main. Nous partageons la bouteille, il doit être 11h du matin mais je suis tellement déconnecté de la réalité que je n'ai plus de limite. Nous croisons un ami de Mohammed qui marche en direction du village. Nous le prenons en voiture, il s'appelle Faraj. Un petit gaillard avec une sacrée moustache ! Il se plaint d'avoir reçu du sable dans les yeux. Heureusement que j'ai du sérum physiologique dans mon sac. Je l'ai d'ailleurs laissé chez Raaed. Aller, on fonce chez lui pour soigner notre nouveau copain.

Nous sympathisons tous sincèrement, je partage à Raaed ma passion pour les pièces de monnaie anciennes. Il me montre son trésor. Des dizaines de pièces tant de l'époque romaine que nabatéenne. Il m'explique qu'à Petra, après la pluie, il est relativement facile de trouver ce genre de merveille puisque la terre est comme labourée. Il me montre également la bague qu'il porte depuis toujours à l'auriculaire, mes yeux n'en reviennent pas. Une bague forgée à la main, cela saute aux yeux, l'anneau n'est pas parfaitement circulaire. Sa bague n'est pas ornée d'un bijou mais d'une une petite plaque sur laquelle repose des inscriptions arabes. Cette bague, il l'a trouvé à Petra après la pluie… Ce qui signifie que cette bague appartenait éventuellement à un Nabatéen il y a 2000 ans ! Dans tous les cas, cette bague a une histoire derrière elle et habille désormais le doigt de Raaed. Je ne peux qu'être fasciné par cet objet mystique. Raaed me regarde avec ses yeux noirs. Il enlève sa bague, me la tend et me dit :

- « Je te l'offre avec le cœur »

Inutile de préciser que les larmes ont noyé mes yeux d'émotions.

A peine ai-je le temps de le remercier que Faraj nous invite chez lui pour un *shay*. Nous y faisons la rencontre d'Anna, une Française, kinésithérapeute, qui s'est expatriée en Jordanie après être tombée amoureuse de Faraj. C'est un réel plaisir de discuter avec elle puisqu'aucune barrière de la langue ne nous freine. Anna nous apprend qu'un couple d'amis venant de Lille arrive d'ici quelques heures, encore une belle soirée en perspective… Bassem nous rejoint. Nous allons passer la soirée tous ensemble dans une cave perchée sur les hauteurs de Petra. La route pour y aller est pire que toutes celles que j'avais pu rencontrer auparavant. A vrai dire, ce n'est pas une route mais plutôt un plateau montagneux sur lequel les pierres et les dos d'âne sont omniprésents. Nous roulons peut-être à 2 voire 3 km/h, le bas de caisse percute de nombreuses pierres. Je craque, je descends de la voiture et tente de guider Mohammed tant bien que mal. Ma caution allait définitivement s'envoler… Mais à quelle hauteur ? Désormais, le seul objectif est de ne pas accidenter la Mitsubishi au point de la rendre inutilisable. Après quelques prises de bec avec mon copilote, nous arrivons devant la cave. Le stress ne redescend pas tout de suite et l'idée de parcourir le chemin inverse le lendemain matin n'arrange rien. La grotte que nous rejoignons, quant à elle, est littéralement perchée sur le flan de la montagne. Pour y accéder, une sorte de terrasse naturelle flotte au milieu du vide. Il ne vaut mieux pas avoir le vertige, mais quel cadre ! Le paysage s'étend à perte de vue, mes yeux s'égarent entre deux ou trois montagnes avant d'apprécier le coucher de soleil.

L'heure est à la fête, nous accueillons le couple Lillois : Pauline et Raphaël. Nous débutons la soirée dans la grotte avec le traditionnel arack, la chicha et des musiques tantôt arabes, tantôt françaises. Une chanson d'amour jordanienne est chantée en cœur par Anna et Faraj, un moment en proie aux sentiments. Leurs voix se marient, ne forment plus qu'une, personne ne parle, tout le monde écoute. Après le repas, nous sortons sur la terrasse naturelle pour admirer les constellations et les étoiles filantes. A court d'arack, Raeed appelle un Jordanien pour qu'il nous livre de l'alcool, un équivalent d'AlloApéro. Le Jordanien refuse de nous livrer l'alcool, il estime que la route pour nous rejoindre est trop dangereuse, je ne comprends vraiment pas pourquoi... Voilà que même un Jordanien refuse de conduire jusqu'ici... Je suis encore moins rassuré pour reprendre mon bolide au petit matin. Incapable de conduire sur ce type de terrain, mes espoirs d'arriver indemne reposent sur mon copilote Mohammed. Tiens d'ailleurs, où est-il ? J'apprends qu'il ne se sentait pas bien et qu'il est retourné au village, à 1h de marche d'ici... Comment vais-je faire ? *Hakuna matata* - "pas de souci" -

comme nous répètent régulièrement les Bédouins. Le feu crépite, l'enceinte ronronne, nous nous endormons dehors, au coin du feu, le plafond couvert de petites lumières scintillantes.

5h30, le soleil vient dissiper les vapeurs d'alcool expirées par cette petite troupe de voyageurs. Le moment tant redouté est arrivé : conduire. Je juge plus prévoyant de donner mes clés à Faraj et de le laisser seul pour ramener mon véhicule au village. Ne pas être dans ma Mitsubishi m'évitera une énième frayeur. Faraj s'en va, je lui fais confiance. Bilkiss, Raaed et moi-même prenons la Renault de Marie. Nous accrochons tant bien que mal les couvertures sur le toit de la voiture. Le trajet se passe sans embûche. Arrivés au village je découvre ma voiture... Là-encore tout va bien ! Décidément ces Bédouins sans permis ne cesseront jamais de m'étonner. La fin de notre périple approche et nous devons faire les comptes. Car oui, durant les trois derniers jours, Bilkiss, Marie et moi-même n'avons sorti aucun JOD (dinar Jordanien). Nos hôtes ont tout offert, l'alcool, la nourriture, le thé... Une générosité sans nom ! Mais si la générosité est pure, en abuser est un péché. Nous demandons à Raeed combien lui ont coûté ces derniers jours pour pouvoir partager les frais. Il ne nous répond pas. Nous décidons toutefois d'aller retirer quelques JOD et d'acheter une tablette de chocolat. De retour chez Raeed, nous partageons le thé avec Mohammed et Bassem. Je donne les JOD à Raeed mais celui-ci ne les prend pas. Je refuse de les garder, je les lui pose sur la table. Il ne les a pas recompté, pas regardé, absolument indifférent et désintéressé, nous avons presque eu l'impression de le vexer. Mais nous ne nous serions pas sentis en phase avec nous même de profiter autant de cette générosité. Nous posons le chocolat sur la table en guise de cadeau, prêts à faire plaisir à nos hôtes. Mohammed et Raaed nous regardent sans l'ombre d'un sourire et nous disent ne pas aimer le chocolat. Les Bédouins ont une culture considérablement différente de la nôtre. Ils ne font pas semblant lorsqu'une attention à leur égard ne leur plaît pas. Bassem, quant à lui, n'a jamais mangé de chocolat de sa vie ! Je n'en reviens pas... Il apprécie le cacao, on aura au moins fait un heureux. La journée défile et le moment des adieux est arrivé. Marie décide de rester quelques jours de plus au village. Comme disent nos amis : « *easy to say hi, difficult to say by* » - « facile de dire bonjour, difficile de dire au revoir ».[1]

---

[1] **Attention** : je déconseille aux voyageurs de se laisser séduire par les Bédouins de Petra. J'ai entendu plusieurs témoignages au sujet d'agressions, d'arnaques et d'harcèlement sexuel commis par certains d'entre eux...

Au volant de la voiture de location, Bilkiss côté passager aux platines, nous traversons ces paysages classiques du Moyen-Orient en écoutant les musiques qui avaient marqué notre rencontre avec les Bdoul. Direction : At-Tafilah, Bilkiss doit récupérer son sac à dos, nous l'avions presque oublié… Nous traversons des villages, des villages et encore des villages. Les habitants esquissent de grands sourires et nous saluent en nous voyant débarquer. Nous nous arrêtons dans un petit boui-boui pour y déguster du poulet épicé et du riz. Quelques curieux viennent nous voir et nous demandent, en arabe, d'où nous venons. Ils sont tous étonnés lorsque Bilkiss dit être française. Eh oui, la France est un savant mélange, un Français peut être blanc, black, asiatique, métisse et j'en passe. En Jordanie, les citoyens sont tous typés Moyen-Orient, il y a peu (voire pas) de citoyen Jordanien à peau blanche. Il est donc tout à fait étonnant pour eux de découvrir qu'une personne métissée puisse être la citoyenne d'un pays aux racines blanches.

Nous reprenons la route pour récupérer le sac vagabond. Arrivés à At-Tafilah, nous trouvons assez facilement la maison d'Abdounazir puisque celui-ci nous attendait devant, le sac à la main. Abdounazir est un grand monsieur qui s'approche de la cinquantaine et qui mesure 1m85. Vêtu d'un treillis de camouflage, il donne le sac à Bilkiss et nous invite à entrer chez lui prendre un thé. Abdounazir ne sait pas parler anglais, nous utilisons donc Google traduction et les gestes. Cela fait désormais 9 jours que je n'ai pas pris de douche, notre hôte doit le voir... Ou le sentir ! Non, plutôt le voir, je pensais qu'en ne me lavant pas des jours, je sentirais le chacal, finalement non. Le corps arrive à s'adapter et même à se nettoyer seul (ou presque), c'est assez étonnant. Bref, Abdounazir nous propose de prendre... Une douche ! Je lui précise n'avoir ni serviette ni shampoing, il me dit que ce n'est pas un problème, il peut m'en fournir. Avec Bilkiss nous n'en revenons pas, cela faisait à peine 3 minutes que nous venions de rencontrer cet homme qui avait déjà eu la gentillesse de garder le sac à dos et voilà qu'il nous propose une douche ! Personnellement, je n'ai jamais invité d'inconnu chez moi en l'invitant à se doucher... C'est tout simplement incroyable.

Nous nous asseyons en tailleur dans un beau salon au sol tapis de moquettes et aux murs couverts de marbre. Nous dégustons le thé et goûtons un étrange fruit que je ne connaissais pas. Une sorte d'orange qui fait la taille d'une phalange de pouce et qui se mange tout entier avec la peau. C'est ce qu'on appelle un kumquat. Abdounazir nous présente sa femme, toute aussi accueillante que lui. Son niveau d'anglais est bien meilleur que celui de son mari, c'est un réel plaisir d'échanger avec elle. Les présentations ne s'arrêtent pas là, nous rencontrons leurs trois enfants. Deux sont en primaires, des petites bouilles d'ange. Le plus grand est en terminale (des équivalents bien sûr, notre système d'éducation est différent du leur). Nous passons un excellent moment avec le jeune de 18 ans, cela lui permet de pratiquer son anglais. Il nous emmène dans le jardin et nous montre l'arbre sur lequel pousse le kumquat. Il y a également un citronnier et tout un tas d'autres arbres fruitiers. Abdounazir travaille dans l'agriculture, ce qui explique ce jardin luxuriant.

Bref, de retour dans la maison nous attendait un énorme festin que sa femme nous avait concocté. Nous n'avions rien demandé et pourtant… Le traditionnel houmous orne la table, d'autres aliments moins communs attirent notre attention. Dont un en particulier. Une sorte d'épice sous forme de poudre contenu dans un bol. Nous ne comprenons pas la manière de manger cette poudre… On se sent un peu bête de ne pas savoir manger tel ou tel aliment, c'est assez curieux, mais très amusant. Notre hôte nous montre l'exemple à suivre, se saisir d'un bout de *krups* (pain), le tremper dans l'huile, puis dans la poudre pour qu'elle s'accroche à l'huile qui imprègne le pain. C'est prêt à déguster... et quelle dégustation ! Je note le nom de cette épice « *zaatar* » pour en acheter au village. Nous restons 2h30 chez nos hôtes, 2h30 à discuter à tel point que nous sommes repartis sans s'être douchés.

C'est bien là l'exemple que la barrière de la langue n'existe pas, les seules barrières existantes sont celles que l'on se fixe dans la tête. Il existe d'autres moyens de communiquer, de partager et c'est aussi ça le charme d'un voyage.

Nous mettons le cap vers notre nouvelle destination : la vallée de Dana. On y accède depuis un petit village dont la moitié des habitations est en ruine. Ces maisons, ou plutôt ce qu'il en reste, sont faites des pierres provenant des montagnes alentours. Avec Bilkiss, nous nous approchons du chemin balisé, une longue descente nous emmène dans la vallée. Après 1h30 de marche nous y sommes enfin. La vallée est protégée par deux chaines montagneuses et nous offre un joli coucher de soleil. Le ciel est dégagé, nous installons nos matelas pour dormir à la belle étoile.

Je suis passionné par l'astronomie et Bilkiss est aussi curieuse que voyageuse. Nous avons une longue conversation sur le système solaire et l'au-delà. Un bruit soudain en direction des buissons met un terme à notre bavardage. Je regarde le petit bosquet à cinquante centimètres plus loin avant d'y voir une ombre s'y déplacer. Une ombre de la taille d'un scorpion. Pris de panique, j'en informe immédiatement mon amie. Nous faisons un bond d'un mètre en arrière avant de reprendre nos esprits. Je suis sûr de ce que j'ai vu mais souhaite en avoir le cœur net. Je m'approche du buisson avec un bâton pour tenter de débusquer le scorpion. L'aventure précédente vécue avec Ali dans le désert m'avait définitivement vacciné contre cet arachnide. Nous ne trouvons rien. Nous jugeons toutefois préférable de monter la tente et de dormir dedans.

Réveillés par le soleil, nous commençons à prendre le pli de cette vie de nomade. Nous remontons gentiment le dénivelé positif qui nous sépare de la Mitsubishi.

Madaba, dernière ville étape de notre périple avant de retourner à Amman. Madaba est une ville qui se démarque du reste de la Jordanie. Musulmans et Orthodoxes y cohabitent paisiblement. L'église Saint-Georges, située en centre-ville, est un joyau historique puisqu'elle abrite la plus ancienne représentation de la Terre Sainte sous forme de mosaïque. On la date du VIème siècle. Il n'y a pas grand-chose d'autre à voir ici... Bilkiss me propose néanmoins de s'attarder un peu dans la ville pour boire un thé. Assez étrangement, nous ne trouvons aucun vendeur de thé ! Nous demandons alors à un vieux monsieur s'il sait où nous pouvons trouver ce breuvage presque addictif. Ce monsieur porte un keffieh sur la tête, ce foulard rouge et blanc traditionnel de cette région du globe. Il se lève de sa chaise et nous guide jusqu'au marchand. Nous le suivons aveuglément. Il commande les thés pour nous et... les paie !!! Nous n'en revenons pas. Une fois sortis de la boutique, le monsieur nous invite à continuer de le suivre. Nous lui emboitons le pas jusqu'à une supérette. Il empoigne un sac plastique et le remplit de gâteaux ! Il nous tend le sac et nous dit simplement :

- « *Masalama* » (au revoir)

Nous restons bouche bée face à autant de générosité. Rappelons qu'à la base, nous lui avions simplement demandé de nous indiquer la route... Et voilà ce qu'il nous offre !

Nous mettons les voiles pour Amman. Nous prenons la même auberge qu'il y a seulement quinze jours de là. Il s'est passé tant d'aventures en si peu de temps. Il n'y a qu'en voyageant que la vie peut être aussi riche et intense. Je retrouve le Canadien de ma chambre qui répond au nom de Derek. Un vrai routard qui vit 8 mois par an dans un pays qui lui est étranger et, le reste de l'année, qui vit dans sa ferme au nord du continent américain. Au Canada, Derek est propriétaire d'une gigantesque plantation d'ail et de… cannabis ! Pendant son séjour en Jordanie, Derek travaille bénévolement dans un camp de réfugiés Palestiniens. Il a également travaillé 2 mois dans une ferme de permaculture et y voue une réelle passion. Le soir à l'auberge, ses amis de ferme l'ont rejoint. Il ne les avait pas vu depuis un moment, c'était vraiment émouvant d'assister à ces retrouvailles. Une fois ce petit monde réunit, nous recevons l'invitation de les rejoindre dans un bar. Une super soirée pouvait commencer, 7 nationalités avec des cultures et des couleurs différentes assises autour de la même table. Lorsque des fleuves se rencontrent, ils ne forment plus qu'un, chante Gaël Faye. L'un d'entre eux m'invite chez lui, en Irak… Peut-être est-ce ma prochaine destination, qui sait !

Retour à l'auberge, le réveil sonne dans 6h. Il est temps de dire au revoir à la Jordanie et de dire bonjour à Paris. J'allume une dernière fois le moteur de cette Mitsubishi qui a connu bon nombre de péripéties. Je la ramène au service de location de l'aéroport. 140 € de caution se sont envolés, mais ça en valait la peine. J'avais définitivement visité la Jordanie en roue libre. Dans l'aéroport nous retrouvons également Raphaël et Pauline, quel plaisir !

Nous enregistrons nos bagages, passons la douane et entrons dans l'avion. Décollage immédiat. Quatre heures et demie plus tard : « Bienvenue à Paris, température extérieure : 8° ».

A l'heure où ces quelques lignes sont écrites, je suis toujours en contact avec Raaed, j'ai revu Benjamin, Marie et Bilkiss à Paris. Bilkiss est venue quelques jours chez moi, à Tours et nous avons même vagabondé ensemble au Togo. Ce voyage m'a définitivement refaçonné.